Elementary French
FOR ENGLISH SPEAKERS

Akinbola Temitope Elizabeth

Philip Halls Compnay

Published in Nigeria by:
Philip Halls Company, Abeokuta
Email: phcdesk@gmail.com
Tel: 08065113307, 08058998626
Regd Office: 10, Bamgbose Crescent, Adigbe Mango,
Abeokuta, Ogun State.
Cover Design: Dunni Adesiji

ISBN: 978 978 973 083 4

©
Akinbola Temitope Elizabeth,
2019

Remerciements (Acknowledgements)

In honour of my family – nuclear and extended, friends, colleagues, mentors, students and all French learners. Thank you all for your immense support!

Préface (Preface)

Elementary French (Le Français Elémentaire) is a French grammar text with particular focus on students, adults and everyone interested in learning the French language or those struggling with the effective acquisition of the language especially while living in an Anglophone environment.
The text comes with an audio CD which can be used for the effective pronunciation of every word in the book and could be very essential to the learning of the language.

Equivalents of French expressions used in the book are supplied. It is a very handy material available in soft and hard copy.

A very simple, easy - to - use method designed to address the communicative needs of the language has been provided.

AVANT-PROPOS (FOREWORD)

Mrs. Temitope (Nee Odebunmi) graduated from the University of Lagos with a Bachelor of Arts (Hons) in 2005, She has a working experience of over fifteen years with the French Language, **Elementary French for Predominantly English Speakers,** with the accompanying CD-Rom is designed to promote French language at the **Secondary and Tertiary** School levels.
A major objective of the book is to promote Communicative Skills in French Language.
The book introduces us to the **Beaba** of Spoken French passing through Greetings, the days of the week and months of the year and through the gamut of French Grammar. Elementary French is highly recommended to both teachers and learners of French Language.

Prof. Oye Timothy-Asobele
B.A. (Nigeria); Dip. (Dakar) CES, MA,
M.Phil, Ph.D. Paris III

Department of European Languages and
Integration Studies
University of Lagos.
Akoka.

Table des matières (Table of Content)

- Remerciements (Acknowledgements)   iii
- Préface (Preface)   iv
- Avant – propos (Foreword)   vi
- Table of contents (Table des matières)   vii
- Chapitre un (chapter one)   1
      Les alphabets français (French Alphabets)
- Chapitre deux (chapter two)   3
      Les salutations (Greetings)
- Chapitre trois (chapter trois)   7
      Les jours de la semaine et les mois de
      l'année
      (Days of the week and months of the year)
- Chapitre quatre (chapter four)   10
      Les numéros cardinaux et ordinaux
      (Cardinal and ordinal numbers)
- Chapitre cinq (chapter five)   14
      La présentation de soi (Self Introduction)
- Chapitre six (chapter six)   15
      Les signes de calcul (Calculation signs)
- Chapitre sept (chapter seven)   16
      Les couleurs (Colours)
- Chapitre huit (chapter eight)   18
      Les articles définis et indéfinis
      (Definite and indefinite articles)
- Chapitre neuf (chapter nine)   23
      Les parties du corps féminine
      (Parts of the female   body)
- Chapitre dix (chapter ten)   25
      Les noms des pays (Names of countries)
- Chapitre onze (chapter eleven)   26
      Où habitez – vous?
      (Where do you live/stay?)

- Chapitre douze (chapter twelve)   28
  Au restaurant (At the restaurant)
- Chapitre treize (chapter thirteen)   31
  Les professions/les métiers
  (Professions and jobs)
- Chapitre quatorze (chapter fourteen)   33
  Quelle heure est – il ? (What time is it?)
- Chapitre quinze (chapter fifteen)   36
  Les prépositions (Prepositions)
- Chapitre seize (chapter sixteen)   38
  Les pronoms personnels
  (Personal pronouns)
- Chapitre dix - sept (chapter seventeen)   39
  Les verbes (verbs)
- Chapitre dix - huit (chapter eighteen)   42
  La fin du repas (After the meal)
- Chapitre dix - neuf (chapter nineteen)   44
  Les intérrogatifs (Interrogatives)
- Chapitre vingt (chapter twenty)   46
  Les expressions du verbe "avoir"
  (Expressions of the verb "avoir")
- Chapitre vingt et un (chapter twenty one)   47
  Conjugaison des verbes du deuxième
  et troisième groupe au présent de l'indicatif
  (Conjugation of 2nd and 3rd verbal groups in the
  present tense)
- Chapitre vingt - deux (chapter twenty two)   50
  Le passé composé (Past tense)
- Chapitre vingt - trois (chapter twenty three)   53
  Les adjectifs (Adjectives)
- Chapitre vingt - quatre (chapter twenty four)   59
  L'imparfait (Imperfect tense)
- Chapitre vingt - cinq (chapter twenty five)   61
  Les adverbes (Adverbs)

• Chapitre vingt - six (chapter twenty six)   64
    Aller + verbe à l infintif (Immediate future tense)
• Chapitre vingt - sept (chapter twenty seven)   66
    La négation (Negatives)
• Chapitre vingt - huit (chapter twenty eight)   68
    Une conversation téléphonique - formelle et
    informelle (A telephone conversation – formal
    and informal)
• Chapitre vingt – neuf (chapter twenty nine)   70
    Sur la route (On the road)

Chapitre Un (Chapter One)
Les Alphabets Français (French Alphabets)

A	ah
B	bay
C	say
D	day
E	əh
F	eff
G	ʒjay
H	ash
I	ee
J	ʒhee
K	kah
L	elle
M	emme
N	enne
O	o
P	pay
Q	ku
R	err
S	esse
T	tay
U	iu
V	vay
W	doubluvay
X	iks
Y	igrek
Z	zed

Les Accents

There are four types of accents in the French language as seen below:

- L'accent aigü   - the acute accent is usually found on the letter e (é)
- L'accent grâve   - the grave accent is usually found on an a, e and u
- L'accent circumflèxe - the circumflex accent is usually found on any vowel

La cédille   the cedilla is found underneath a c

These accents are used to modify the sound of a letter, to soften letters which should be hard, example is français, garçon. And to distinguish between words having the same spelling but a different meaning, examples la (the) là (there), ou (or), où (where ?).

Chapitre Deux (Chapter Two)
Les Salutations (Greetings)

Dialogue I

Le professeur rencontre Olabisi

Professeur:	Bonjour Olabisi
Bisi:	Bonjour madame
Professeur:	Comment vas-tu?
Bisi:	Je vais bien, merci et vous?
Professeur:	Très bien, merci! Comment était la nuit
Bisi:	C'était très bien passée, merci
Professeur:	Où vas- tu maintenant?
Bisi:	Je vais à la classe
Professeur:	D'accord! À toute à l'heure, au revoir Olabisi
Bisi:	Au revoir Madame

The teacher meets Olabisi

Teacher:	Good morning Olabisi
Bisi:	Good morning Madame
Teacher:	How are you?
Bisi:	I'm fine, thanks and you?
Teacher:	Very fine, thank you! How was your night?
Bisi:	It was very well spent, thank you
Teacher:	Where are you going now?
Bisi:	I am going to class
Teacher:	Okay, see you later, goodbye Olabisi!
Bisi:	Good bye Madame

The French usually use titles (Mr., Mrs., Miss) when greeting one another as they are very courteous beings.

Titles

• Monsieur	Sir/Mister/Master
• Madame	Madame/Mrs.
• Mademoiselle	Miss
• Mon ami	My friend
• Mes amis	My friends
• Mes camarades	My classmates
• Tout le monde	Everybody
• À toutes	All (females)
• À tous	All
• Chef	Chief
• Docteur	Doctor
• Roi	King
• Reine	Queen
• Bonjour madame	Good morning/good afternoon mrs.
• Bonjour mademoiselle	Good morning/good afternoon miss
• Bonjour monsieur	Good morning/good afternoon sir/mr.
• Bonsoir mademoiselle	Good evening miss
• Bonsoir monsieur	Good evening sir
• Bonne nuit madame martin	Good night Mrs. Martin
• Bonne nuit mademoiselle	Good night Miss
• Bonne nuit monsieur	Good night Sir.
• Bonjour mademoiselle théodore	Good day Miss Theodora
• Bonne nuit docteur	Good night Doctor

| Bonsoir professeur | Good evening Teacher |
| Bonne journée jaques! | Have a nice day James |

Note: bonjour is used as good morning & afternoon till 4 pm in the evening

Other ways of greeting are:

• Bonne journée	Have a good day
• Passez un bon après midi	Have yourself a good afternoon
• Bonne soirée	Have a good evening
• À demain	Till Tomorrow
• Bonne année	Happy New year
• Joyeux anniversaire	Happy Birthday
• Bon voyage	Safe Trip
• Bienvenu	Welcome
• Joyeux noël	Merry Christmas
• Joyeuses pâques	Happy Easter
• Bonnes vacances	Happy Holidays
• Bonne fin de semaine	Nice weekend
• À la semaine prochaine	See you next week
• À la prochaine	See you next time
• À tout moment	See you anytime
• Bonne chance	Good luck
• Félicitations	Congratulations
• Bon appétit	Enjoy your meal
• Heureuse vie de mariés	Happy married life
• Bon travaille	Well - done
• À bientôt	See you soon
• À toute à l'heure	See you later
• Je t'aime	I love you
• Tu me manques	I miss you

Comment ça va?	How are things going?
Ça va très bien, merci	Things are going very fine, thank you
Comment allez – vous?	How are you? (Formal)
Je vais très bien, merci	I am very fine, thanks
Comment vas – tu?	How are you? (Informal)
Je vais très bien, merci	I am very fine, thanks
Salut!	Hi/hello
Comment vous appelez – vous?	What is your name? (Formal)
Comment appelles – tu?	What is your name? (Informal)
Je m'appelle madame martins	My name is Mrs Martins
Et vous?	And you?
Bon guérison	Get well soon

Exercices

Joyeux nöel, Bon voyage, Bon anniversaire, Bonne nuit, Bonne année

Complétez les phrases suivantes avec les salutations appropriées

Fill in the gap with the appropriate greetings

1.   Dans la nuit, on dit……………

   In the night, we say……

2.   Dammy fait son anniversaire, on lui salue ………

   Dammy celebrates his birthday, we tell him…….

3.   Aujord'hui, c'est le 1er janvier, on salue ……….

   Today is the 1st of January, we greet ………

4.   Au 25 décembre, on salue ………………

   On december 25, we greet……………..

5.   Titi voyage au Ghana, on lui salue ……..

   Titi is travelling to Ghana, we greet him …….

Chapitre Trois (Chapter Three)
Les Jours de la Semaine Et Les Mois De L'Année

Days of the Week and Months of the Year

I.   Les jours de la semaine

Lundi	Monday
Mardi	Tuesday
Mercredi	Wednesday
Jeudi	Thursday
Vendredi	Friday
Samedi	Saturday
Dimanche	Sunday

Exemples

1. Je vais à l'église chaque dimanche
   I go to church every Sunday
2. Les musulmans vont à la mosquée chaque vendredi
   Muslims go to mosque every Friday
3. Les étudiants vont à l'école du lundi au vendredi
   Students go to school Mondays through Friday
4. Chaque samedi, je lave mes vêtements
   Every Saturday, I do the laundry
5. Chaque jour, je me lève et je prie au seigneur
   Everyday, I rise up and pray to the Lord

II. Les mois de l'année

Janvier	January
Février	February
Mars	March
Avril	April
Mai	May
Juin	June
Juillet	July
Août	August
Septembre	September
Octobre	October
Novembre	November
Décembre	December

Note: except at the beginning of a sentence, days of the week and months of the year are written in small letters.

Exemples
- Janvier est le premier mois de l'année
  January is the 1st month of the year
- Il revient de lagos en 20 avril
  He will be back to Lagos on the 20th of April
- La belle est née en 3 juin 1988.
  The beautiful girl was born on the 3rd of June 1988
- Pour les mois de l'année, on utilize la préposition 'en'
  (for months of the year, the preposition used is 'en')
- Pour parler d'un jour, on n' utilize pas de préposition
  (when talking about days of the week, no preposition is used)

Pour les mois de l'année, on utilize la préposition 'en' *(for months of the year, the preposition used is 'en')*

Pour parler d'un jour, on n' utilize pas de préposition *(when talking about days of the week, no preposition is used)*

Exemples

• Je suis arrivé jeudi martin   I arrived thursday morning
• Jean est parti lundi soir   John left monday evening

Chapitre Quatre (Chapter Four)
Les Numéros Cardinaux Et Ordinaux

Cardinal and Ordinal numbers

I.   Les numéros cardinaux – cardinal numbers

1	Un	25	Vingt – cinq
2	Deux	26	Vingt – six
3	Trois	27	Vingt – sept
4	Quatre	28	Vingt – huit
5	Cinq	29	Vingt – neuf
6	Six	30	Trente
7	Sept	31	Trente et un
8	Huit	32	Trente - deux
9	Neuf	33	Trente - trois
10	Dix	34	Trente – quatre
11	Onze	35	Trente – cinq
12	Douze	36	Trente – six
13	Treize	37	Trente – sept
14	Quatorze	38	Trente – huit
15	Quinze	39	Trente - neuf
16	Seize	40	Quarante
17	Dix-sept	41	Quarante et un
18	Dix-huit	42	Quarante – deux
19	Dix-neuf	43	Quarante – trois
20	Vingt	44	Quarante – quatre
21	Vingt et un	45	Quarante – cinq
22	Vingt- deux	46	Quarante – six
23	Vingt – trois	47	Quarante – sept
24	Vingt – quatre	48	Quarante – huit

49	Quarante-neuf		76	Soixante – seize
50	Cinquante		77	Soixante – dix-sept
51	Cinquante et un		78	Soixante – dix-huit
52	Cinquante – deux		79	Soixante – dix - neuf
53	Cinquante – trois		80	Quatre - vingt
54	Cinquante – quatre		81	Quatre - vingt et un
55	Cinquante – cinq		82	Quatre – vingt – deux
56	Cinquante – six		83	Quatre – vingt – trois
57	Cinquante – sept		84	Quatre – vingt – quatre
58	Cinquante – huit		85	Quatre – vingt – cinq
59	Cinquante - neuf		86	Quatre – vingt – six
60	Soixante		87	Quatre – vingt – sept
61	Soixante et un		88	Quatre – vingt – huit
62	Soixante - deux		89	Quatre – vingt - neuf
63	Soixante – trois		90	Quatre - vingt - dix
64	Soixante – quatre		91	Quatre – vingt – onze
65	Soixante – cinq		92	Quatre – vingt – douze
66	Soixante – six		93	Quatre – vingt – treize
67	Soixante – sept		94	Quatre – vingt – quatorze
68	Soixante – huit		95	Quatre – vingt – quinze
69	Soixante - neuf		96	Quatre – vingt – seize
70	Soixante - dix		97	Quatre – vingt – dix - sept
71	Soixante - onze		98	Quatre – vingt – dix - huit
72	Soixante – douze		99	Quatre - vingt – dix - neuf
73	Soixante – treize		100	Cent
74	Soixante – quatorze			

200	Deux cent
300	Trois cent
400	Quatre cent
500	Cinq cent
600	Six cent
700	Sept cent
800	Huit cent
900	Neuf cent
1000	Mille
2000	Deux mille
3000	Trois mille
4000	Quatre mille
2015	Deux mille quinze
2017	Deux mille dix-sept

Exercises

Écrivez les chiffres suivants en mots (Write the following figures in words).

1. 1999
2. 1111
3. 507
4. 287
5. 680
6. 999
7. 3800
8. 2016
9. 3018
10. 2018

II. **Les numéros ordinaux – ordinal numbers**

First	Premier/ère
Second	Deuxième
Third	Troisième
Forth	Quatrième
Fifth	Cinquième
Sixth	Sixième
Seventh	Septième
Eighth	Huitième
Nineth	Neuvième
Tenth	Dixième

Note: Just add 'ième' to the cardinal numbers to spell your ordinal numbers in French.

Chapitre Cinq (Chapter Five)
La Présentation (Introduction)

- Veuillez - vous vous présenter — Please introduce yourself
- Nom — Name
- Date de naissance — Date of birth
- Addresse — Address
- État civil — Marital status
- Profession — Occupation
- Nationalité — Nationality
- Couleur préférée — Best colour
- La corpulence — Stature
- La taille — Height
- Les activités de loisir — Leisure time activities
- L'amour — Likes
- L'aversion — Dislikes

- Je m'appelle madame martin, J'ai trente - cinq ans
- J'habite 10 rue Adetokunbo Ademola, Ikoyi, Lagos
- Je suis mariée avec les jumeaux - un garçon et une fille. Ils ont deux ans.
- Je suis infirmière à Island maternity, Lagos.
- Je suis nigeriane et mon couleur le plus favorite c'est rouge.
- J'ai de teint claire, 1.5 en taille et j'aime ma corpulence.
- J'aime danser, chanter et lire. J'aime ceux qui sont honnêtes et je n'aime pas ceux qui mentent.

Chapitre Six (Chapter Six)
Les Signes de Calcul (Calculation Signs)

Numeric calculation is possible thanks to these 4 operation signs even in the French language.

+	plus	(plus)
-	moins	(minus)
X	la multiplication	(multiplication)
÷	la division	(division)
=	égal	(equal to)

Exemples

1. Deux plus quatre égal six

   $2 + 4 = 6$

2. Dix mulitiplié par dix égal cent

   $10 \times 10 = 100$

3. Deux cent divisé par quatre égal cinquante

   $200 ÷ 4 = 50$

4. Vingt moins six égal quatorze

   $20 - 6 = 14$

Exercises

Écrivez les chiffres suivants en mots
Write the following figures in words

1. $6 \times 6 = 36$
2. $8 + 33 = 41$
3. $7 + 10 = 17$
4. $8 + 8 = 16$
5. $7 + 7 = 14$
6. $20 + 13 = 33$
7. $6 \times 7 = 42$
8. $2 + 10 = 12$
9. $35 - 10 = 25$
10. $50 - 10 = 40$

Chapitre Sept (Chapter Seven)
Les Couleurs (Colours)

MS	MP	FS	FP	Meaning
Blanc	blancs	blanche	blanches	white
Rouge	rouges	rouge	rouges	red
Vert	verts	verte	vertes	green
Jaune	jaunes	jaune	jaunes	yellow
Bleu	bleus	bleue	bleues	blue
Noir	noirs	noire	noires	black
Rose	roses	rose	roses	pink
Gris	gris	grise	grises	green
Violet	violets	violet	violets	violet
Orange	oranges	orange	oranges	orange

Note: ms/mp - masculine singular and plural

Fs/fp   - feminine singular/feminine plural

Exemples
- J'ai des cheveux **noirs** — I have **dark** hair
- Mon père a une voiture **bleue** — My father has a **blue** car
- Le couleur des dents est **blanc** — The colour of the teeth is **white**
- Mon frère a des chaussures **rouges** — My brother has **red** shoes
- Les lunettes de ma meilleure amie sont **vertes** — My best friend's glasses are **green**

Exercises

Répondez aux questions suivantes:

(Respond to the following questions:)

1. Quelle est le couleur du drapeau des pays suivants:
   What is the colour of the flag of the following
   countries?

(i) Bénin   (ii) Côte d'ivoire   (iii) Togo

(iv) Sénégal   (v) Sierra léone

2. Quelle est le couleur des cheveux?
   What is the colour of the hair?

3. Quelle est le couleur du drapeau du Nigéria?
   What is the colour of the Nigerian flag?

4. Quelle est le couleur du drapeau de la France?
   What's the colour of the French flag?

Chapitre Huit (Chapter Eight)
Les Articles Définis Et Indéfinis
(Definite and Indefinite Articles)

I   Les Articles Définis   Le, La, L' Les (The)
The French people are very gender sensitive such that every noun, object has a gender; either masculine or feminine.

- Le   Masculine Singular   (MS)
- La   Feminine Singular   (FS)
- L'   Masculine or Feminine article before a
                     vowel or a silent 'h'   (M/F)
- Les   Masculine and Feminine plural   (M/FPL)

Exemples

Masculin	**Féminin**	**Pluriel**
Le Père	La Mère	Les Pères/Les Mères
Father	Mother	Fathers /Mothers
Le Frère	La Sœur	Les Frères/Les Sœurs
Brother	Sister	Brothers/Sisters
Le Chien	La Table	Les Chiens/LesTables
Dog	Table	Dogs/Tables
Le Restaurant	La Chemise	Les Restaurants/Les Chemises
Restaurant	Blouse	Restaurants/Blouses
Le Stylo	La Règle	Les Stylos/Les Règles
Pen	Ruler	Pens /Rulers

Le Portable	La Télévision	Les Cahiers/Les Télévisions
Phone	Television	Exercise Books/Televisions
Le Village	La Radio	Les Villages/Les Radios
Village	Radio	Villages/Radios

L' before vowels or the silent 'h'

L'ami	les amis	friend(s)
L'élève	les élèves	pupil(s)
L'homme	les hommes	man - men
L'orange	les oranges	orange(s)
L'hôtel	les hôtels	hotel(s)
L'hôpital	les hôpitals	hospitals

Words that end with the following are masculine: **- age, -isme, -ment, -eau, - phone, -scope, -acle**

Exemples

Le garage	garage	Le gouvernement	government
Le fromage	cheese	Le couteau	knife
Le réalisme	realism	Le bureau	office
Le classicism	classicism	Le téléphone	telephone
Le monument	monument	Le microscope	microscope
Le spectacle	show		

Words that end with the following are feminine **-tion, -sion, -aison, -te, -ance, -ette, -ence, -ude, -ure, -ode, ade, -ole**

Exemples

La situation	situation	la différence	difference
La solution	solution	la patience	patience
La version	translation	la certitude	certainty
La télévision	television	la facture	bill
La terminaison	ending	la méthode	method
La beauté	beauty	la salade	salad
La société	society	la parole	word
La connaissance	knowledge	la naissance	birth
La disquette	disquette	la bicyclettle	bicyclette

Exercises

Completez les mots suivants avec la forme correcte des articles:
Le, La, L' Les

Complete the following words with their appropriate forms: **Le, La, L' Les**

______ oncle ______ nièce ______ enfants ______ stylo

______ salade______ bureau ______ government

______ professeurs ______ histoire ______ cigarette

______ recréation ______ socialism

______ étudiant ______ tableau noir

II   La contraction des articles définis

Contraction of definite articles

The definite article contracts with the preposition "à" - to

À + le =   Au

À + les =   Aux

À + la =   À la

À + l' =   À l'

The definite article contracts with the preposition "de" - from, about, of
- De +le = Du
- De + la = De la
- De + l' = De l'
- De + les = Des

Exemples
- Je vais au village   I am going to the village
     (a+le)
- Je vais aux états-unis   I am going to the United States
     (a+les)
- Je vais à la banque   I am going to the bank
- Je vais à l' église   I am going to church
- Je viens du village   I'm coming from the village
     (de+le)
- Je parle de la fille   I am talking about the girl
- Je viens de l'afrique   I come from Africa
- Tu parles des élèves   You are talking about the pupils

III.   Les articles indefinis: un, une, des

The definite articles un (a), une (an), des (some)

Un	masculine singular nouns	(ms)
Une	feminine singular nouns	(fs)
Des	masculine & feminine plural nouns	(m&fpl)

Masculine	**Singular**	**Plural**
• Un garcon	des garcons	boy(s)
• Un livre	des livres	book(s)
• Un élève	des élèves	pupil(s)
• Un ami	des amis	friend(s)
• Un chiffon	des chiffons	duster(s)

Feminine	Singular	plural
• Une fille	des filles	girl(s)
• Une règle	des règles	ruler(s)
• Une église	des églises	churche(s)
• Une lettre	des lettres	letter(s)
• Une chatte	des chattes	cat(s)

Exercises

Remplacez les articles definis par les articles indefinis

Replace the following definite articles with indefinite articles

1.   Elle veut lire le livre
   She wants to read the book
2.   Ma mère recoit la lettre
   My mother received the letter
3.   La boutique se trouve ici
   The boutique can be found here
4.   L'animal est dangéreux
   The animal is dangerous
5.   Le tableau est noir
   The board is black

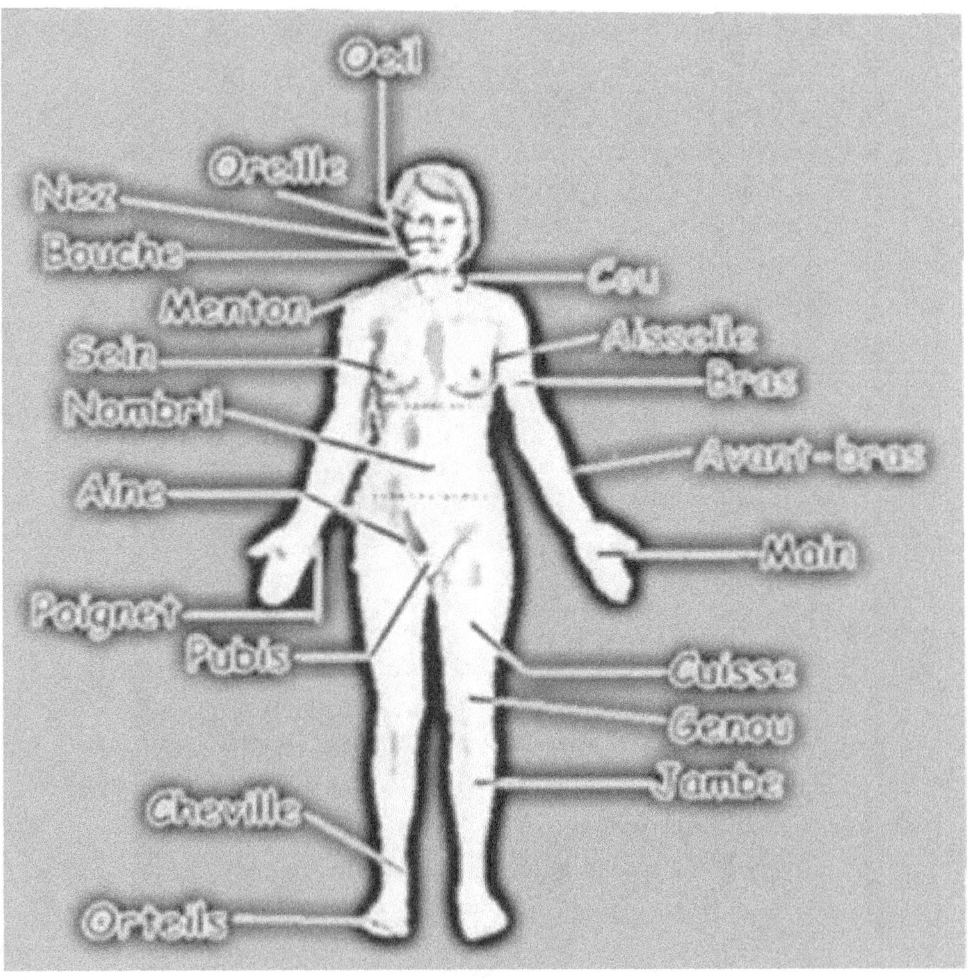
Oeil
Oreille
Nez
Bouche
Menton
Sein
Nombril
Aine
Poignet
Pubis
Cheville
Orteils
Cou
Aisselle
Bras
Avant-bras
Main
Cuisse
Genou
Jambe

- La tête — Head
- L'œil — Eye
- L'oreille — Ear
- Le nez — Nose
- La bouche — Mouth
- Les dents — Teeth
- Le menton — Chin
- Le cou — Neck
- L'aisselle — Armpit
- Le sein — Breast
- Le bras — Arm
- L'avant – bras — Fore-arm
- La main — Hand
- Le poignet — Wrist
- Le nombril — Navel
- Le ventre — Stomache
- La cheville — Ankle
- La cuisse — Thigh
- Le genou — Knee
- La jambe — Leg
- Les orteils — Toes

- J'ai mal à la tête — I have a headache
- Il a les maux de tête — He has headaches
- Marie a mal au ventre — Mary has stomache upset
- Jacques est à l'hopital, il a le paludisme — James is at the hospital, he has malaria
- Antoinette a mal aux dents — Antoinette has tooth aches

Chapitre Dix (Chapter Ten)
Les Noms Des Pays (Names of Countries)

Le Pays	La Nationalité Le
Nigéria	Nigerian (ne)
Le Niger	Nigerien (ne)
Le Canada	Canadien (ne)
Les États – Unis	Américain (ne)
L'Italie	Italien (ne)
La Grande Brétagne	Britanique
Le Bénin	Béninois (e)
Le Togo	Togolais (e)
La Côte d'Ivoire	Ivoirien (ne)
Le Caméroun	Camerounais (e)
Le Sénégal	Sénégalais (e)
La France	Français (e)
Le Gabon	Gabonais (e)
L'Angola	Angolais (e)
Le Rwanda	Rwandais (e)
La RDC	Congolais (e) (République Democratic du Con go)
Le Mali	Malien (ne)
La Sierra Léone	Sierra léonais (e)
Le Kenya	Kenyan (e)
La Guinée	Guinéen (e)
La Gambie	Gambien (ne)
L'Ethiopie	Ethiopien (ne)

Chapitre Onze (Chapter Eleven)
Où habitez – vous?

Dialogue II

Wendy Gwenny rencontre une amie en rue Badmus,
Lagos.

Doris: Wendy! Wendy!
Wendy: Bonjour Doris! Comment ça va?
Doris: Ça va. Et toi? Tu habites le quartier?
Wendy: Oui, J'habite Rue Adeniyi. Au 10
Doris: C'est formidable! On habite ensemble quoi.
          J'habite le 7, Rue Badmus.
          Bon! On se verra, à bientôt! Au revoir!
Wendy: Au revoir!

Where do you live?

Wendy Gwenny meets a friend on Badmus street, Lagos.

Doris: Wendy! Wendy!
Wendy: Morning Doris! How are things going?
Doris: Everything is going well, thanks and you? Do
          you live in the neighbourhood?
Wendy: Yes, I live on Adeniyi Street. Number 10
Doris: It's amazing! We live together. I live on 7
          Badmus Street.
          Great! See you soon! Good bye!
Wendy: Good bye!

Où habitez – vous? **Where do you live?**

Le verbe "habiter" — The verb "to live"
J'habite — I live
Tu habites — You live
Il/elle/on habite — He/she lives
Nous habitons — We live
Vous habitez — You live
Ils/elles habitent — They live

Exemples

- J'habite au Ghana — I live in Ghana
- Marie habite aux États – Unis — Mary lives in the United States
- Jaques et antoinette habitent en Italie — James and Antonia live in Italy
- Paul est camerounais, mais il habite aux Seychelles — Paul is from Cameroun, but he lives in Seychelles

Valerie habite à Paris — Valerie lives in Paris

Chapitre Douze (Chapter Twelve)

Dialogue III
Au Restaurant
Sylvie: Maman, J'ai faim et Je veux de la boisson
Maman: Tu peux commander le repas
Sylvie: Mademoiselle! Mademoiselle! (en appellant la serveuse)
Serveuse: Oui Madame
Sylvie: Je veux de salade avec de la viande
Serveuse: Quel type de boisson voulez- vous?
Sylvie: J'aimerai du jus de fruit. Maman que veux – tu?
Maman: Je veux du gâteau et le café au lait

At the restaurant
Sylvie: Mum, I am hungry and I want some drink
Mum: You can order some meal
Sylvie: Miss! Miss! (Calling the service girl)
Service girl: Yes ma'am
Sylvie: I want some salad with some meat
Service girl: What type of drinks would you like?
Sylvie: I would like some fruit juice. Mum, what would you like
to have?
Mum: I want some cake and coffee with milk

Les boissons   -   **Drinks**
• Le café au lait   Coffee with milk
• Le jus de fruit   Fruit juice
• La bière   Beer
• Le vin de palme   Palm wine
• La pamplemousse   Grapefruit drink

- Le chololat   Chocolate drink
- L'eau   Water
- Le vin rouge   Red wine
- Le jus du citron   Lemon juice
- La noix de cocoa Coconut juice

Les repas de la journée **(Meals of the day)**
- Le petit déjeuner   Breakfast
- Le déjeuner   Lunch
- Le dîner   Dinner
- L'appéritif   Appetizer
- Le repas   Meal
- Le dessert   Dessert
- Une entrée /un plat/ un dessert First course/Main course/Dessert
- La viande   Meat
- Les oeufs   Eggs
- Le fromage   Cheese
- La soupe (de légumes/de poisson) Vegetable /chicken soup
- Les haricots   Beans
- Le plantain   Plantain
- L'igname avec les oeufs Yam and eggs
- Le pain   Bread
- Le boeuf   Beef
- Le poulet   Chicken
- Le riz   Rice
- L'omelette   Omelette
- Le gateau   Cake
- La glace   Ice cream

- Le pain — Bread
- Le boeuf — Beef
- Le poulet — Chicken
- Le riz — Rice
- L'omelette — Omelette
- Le gateau — Cake
- La glace — Ice cream
- Les biscuits — Biscuits
- La salade — Salad
- Les légumes — Vegetables
- Les fruits — Fruits
- La sauce aux gombos — Okro soup
- La sauce aux arachides — Groundnut soup
- La sauce aux pistaches — Egusi soup
- La sauce aux légumes — Vegetable sauce
- La bouillie de maïs — Pap
- La farine de maïs — Cassava flakes
- La farine de riz — Rice flour
- La farine d'igname — Yam flour

Chapitre treize (Chapter thirteen)
Les Professions/Les Métiers (Professions and Jobs)

Language evolves which led to the formation of feminine forms of occupations which were mostly in masculine forms.

Masculine	Feminine	Meaning
• Le Mécanicien	La Mécanicienne	Mechanic
• Le Professeur	La Professeure	Teacher
• Le Cordonnier	La Cordonnière	Cobbler
• Le Coiffeur	La Coiffeuse	Hairdresser
• Le Médecin	La Médecine	Doctor
• Le Chirurgien	La Chirurgienne	Surgeon
• L'Avocat	L'Avocate	Lawyer
• L'Ingénieur	L'Ingénieure	Engineer
• Le Secrétaire	La Secrétaire	Secretary
• Le Pilote	La Femme pilote	Pilot/Female pilot
• Le Dentiste	La Dentiste	Dentist
• Le Plombier	La Plombièrc	Plumber
• Le Policier	La Policière	Police
• L'Instituteur	L'Institutrice	Instructor
• Le Pharmacien	La Pharmacienne	Pharamacist
• Le Dactylographe	La Dactylographe	Typist
• Le Photographe	La Photographe	Photographer
• Le Boulanger	La Boulangère	Baker
• Le Déssinateur	La Déssinatrice	Artist
• Le Comptable	La Comptable	Accountant
• Le Banquier	La Banquière	Banker
• L'Infirmier	L'Infirmière	Nurse

• L'Homme d'affaires	La Femme d'affaires	Businessman/woman
• Le Tailleur	La Tailleure	Tailor
• Le Journaliste	La Journaliste	Journalist
• L'Informaticien	L'Informaticienne	Computer operator
• Le Mannequin	La Mannequine	Model
• Le Diplomat	La Diplomate	Diplomat
• Le Vendeur	La Vendeuse	Salesman/woman
• Le Chauffeur	La Femme chauffeur	Driver/Female driver

To talk about your profession, you must be able to conjugate the verb 'être'

• Je suis	I am
• Tu es (informal)	You are
• Il/elle/on est	He/ she/one is
• Nous sommes	We are
• Vous êtes (formal)	You are
• Ils/elles sont	They are

Note: when expressing your profession in French, it is without the article as it applies in English

Exemples

• Je suis avocat	I am a lawyer
• Mon oncle est pilot	My uncle is a pilot
• Ma fille est étudiante	My daughter is a student
• Monsieur jacques est médicin	Mr. James is a doctor
• Mon mari est philosophe	My husband is a philosopher

Chapitre Quatorze (Chapter Fourteen)
Quelle heure est – il ?

I. Quelle heure est-il?   **What time is it?**

The French use the twenty - four (24) hour timing.

- 12:00am   Il est minuit(It is midnight)
- 1:00am   Il est une heure

Note: there is no 's ' after the 'heure' since there is only one

2:00am	Il est deux heure
3:00am	Il est trois heure
4:00am	Il est quatre heure
5:00am	Il est cinq heure
6:00am	Il est six heure
7:00am	Il est sept heure
8:00am	Il est huit heure
9:00am	Il est neuf heure
10:00am	Il est dix heure
11:00am	Il est onze heure
12:00pm	Il est midi (it is noon)
1:00pm	Il est treize heure
2:00pm	Il est quatorze heure
3:00pm	Il est quinze heure
4 :00pm	Il est seize heure
5 :00pm	Il est dix-sept heure
6:00pm	Il est dix-huit heure

Exemples

3: 05am:	Il est trois heure cinq
6:06am:	Il est six heure six
9:45am:	Il est neuf heure quarante – cinq/ Il est dix heures moins quinze
1:35pm:	Il est treize heure trente - cinq
4:30pm:	Il est seize heure trente / Il est seize heure et demie
10:56am	Il est dix heure cinquante – six/ Il est onze heure moins quatre
10:56pm	Il est vingt - deux heure cinquante – six
10:15am	Il est dix heure quinze / dix heure et quart
5:15am	Il est cinq heure quinze/ Il est cinq heure et quart
9:00am	Il est neuf heure du matin
9:00pm	Il est vingt et une heure du soir

II. Les expressions du temps (Expressions of season/weather)

- Il pleut   It is raining
- Il neige   It is snowing
- Il gèle   It is freezing
- Il fait du vent   It is windy
- Il fait frais   It is cool
- Il fait beau temps   It is a beautiful weather
- Il fait mauvais   It is a bad weather
- Il pleut à verse   It is pouring
- Il est orageux   It is cloudy
- Il fait du brouillard   It is foggy

- Il fait jour   It is day break
- Il fait nuit   It is dark
- Il fait chaud   It is hot
- Il fait froid   It is cold
- Je suis en retard   I am late
- Je suis à l'heure   I am on time
- Il est tôt   He is early

III   **Les saisons de l'année en France**
- Le printemps   Spring
- L'été   Summer
- L'automne   Autumn
- L'hiver   Winter
- En printemps   In spring
- En été   In summer
- En automne   In autumn
- En hiver   In winter

IV   **Les saisons de l'année au Nigéria**
Yearly seasons in Nigeria

- La saison de pluie   Rainy season
- La saison sèche   Dry season (sunny/harmattan)
  (la saison de soleil/
  l'harmattan)

Chapitre Quinze (Chapter Fifteen)
Les Prépositions (Prepositions)

Here are some useful French prepositions. Most of them are used to indicate position:

- Dans   Inside
- En   In
- Sur   On top
- Sous   Under
- Devant   Before
- Derrière   Beside
- Près de   Close to
- À côté de   Next to
- En face de   Opposite/against
- À   To
- De   Of/From
- Avec   With
- Sans   Without
- Après   After
- Avant   In front of
- Chez   Home/Place
- Entre   Between
- Dehors   Outside
- Jusque   Till
- Hors   Except
- Par   Through
- Pour   For
- Vers   Towards
- Déjà   Already
- Encore   Still

We have been able to see in a previous chapter that:

À + le = Au
À+ la = À la
À+ les = Aux
De + le = Du
De + les = Des

Exemples

- Je vais à la maison   I am going to the house
- Marie est chez ses parents   Mary is at her parents' place
- Vincent est chez le dentist   Vincent is at the dentist's
- Sylvie est devant la poste   Sylvie is in front of the post office
- Le sac est sous la table   The bag is under the table
- Le president est déjà là   The president is already there
- La secrétaire est encore au bureau   The secretary is still at the office

Chapitre Seize (Chapter Sixteen)
Les Pronoms Personnels (Personal Pronouns)

Personal pronouns designate a person or thing. The person who is speaking or the one being referred to.

- Je   I
- Tu   You (informal)
- Il/elle/on He/she/one
- Nous   We
- Vous   You (formal)
- Ils/elles   They

Note: "tu" est utilisé dans une situation informelle et "vous" dans une situation formelle

Exemples

- Je parle la language française   I speak the french language
- Tu dis quoi?   You say what?
- Il m'aime   He loves me
- Elle s'appelle Madame Kofo   Her name is Madam Kofo
- Nous sommes grands   We are big
- Vous êtes étudiants?   Are you a student?
- Ils viennent maintenant?   Are they coming now?
- Elles sont belles   They are beautiful

Chapitre Dix - Sept (Chapter Seventeen)
Les Verbes (Verbs)

Il y a trois groupes de verbes en français
There are three verbal groups in french

1. Les verbes du premier groupe (er)
   Verbs of the 1st group (er)

2. Les verbes du deuxième groupe (ir)
   Verbs of the 2nd group (ir)

3. Les verbes du troisième groupe (re)
   Verbs of the 3rd group (re)

The 'er' verbs are regular verbs except the verb "aller"
which is conjugated thus in the present tense:

- Aller   To go
- Je vais   I go
- Tu vas   You go
- Il/elle va   He/she goes
- Nous allons   We go
- Vous allez   You go
- Ils/elles vont They go

Exemples

- Je vais à Paris   I am going to Paris
- Elle va à abidjan   She is going to Abidjan

Note: "en" comes before name of feminine countries &
continents.

- Je vais en Côte d'ivoire   I am going to Côte d'ivoire
- Elle va en Afrique   She is going to Africa
- Ils vont en France   They are going to France
- Nous allons en Amérique   We are going to America

Parler   **To speak**
- Je parle — I speak
- Tu parles — You speak
- Il/elle parle — He/she speaks
- Nous parlons — We speak
- Vous parlez — You speak
- Ils/elles parlent — They speak

Danser   **To dance**
- Je danse — I dance
- Tu danses — You dance
- Il/elle danse — He/she dances
- Nous dansons — We dance
- Vous dansez — You dance
- Ils/elles dansent — They dance

Manger   **To eat**
- Je mange — I eat
- Tu manges — You eat
- Il/elle mange — He/she eats
- Nous mangeons — We eat
- Vous mangez — You eat
- Ils/elles mangent — They eat

Chanter   **To sing**
- Je chante — I sing
- Tu chantes — You sing
- Il/elle chante — He/she sings
- Nous chantons — We sing
- Vous chantez — You sing
- Ils/elles chantent — They sing

Exercices

Complétez les phrases avec les verbes appropriés

A.	Nous _____________ français (parler)

B.	Je _____________ ma chambre chaque jour
	(balayer)

C.	Florence _____________ du riz (manager)

D	Qu'est-ce que tu _____________ ? (regarder)

E.	Steven et christophe_____________ Alagbado
	(habiter)

F	Hilary _____________ moi ton stylo (donner)

G.	Ils _____________ à Abuja (voyager)

Chapitre Dix - huit (Chapter Eighteen)
La fin du repas

Dialogue IV

Madame Martin et Madame Richard bavardent

Mme richard: Alors, vous êtes contente d'habiter à l'intérieur d'Ibadan?

Mme martin: Oh oui! Nous sommes à la retraite et nous cherchons le calme.

Le matin, on se lève tard, l'après-midi, on se repose et le soir on se couche tôt.

Ibadan est tranquille, n'est-ce pas?

Mme richard: Ah oui, très tranquille

After a meal: Mrs Martin & Mrs. Richard are discussing

Mrs Richard: So, are you happy to be living in the interior part of Ibadan?

Mrs. Martin: Oh yes! We are retired and looking for some calm.

We wake up late in the morning, in the afternoon, we take a nap, and in the evening we go to bed early.

Ibadan is very peaceful, not so?

Mrs. Richard: Ah yes, very peaceful!

Les Verbes Pronominaux (Pronominal Verbs)

- Se promener   To take a stroll
- Se lever   To rise up
- S'habiller   To dress oneself
- S'accuser   To accuse oneself
- Se coucher   To lie down

- S'appeller   To be called
- Se réveiller   To wake oneself up
- Se contempler   To contemplate
- Se laver   To take a bath
- S'affirmer   To affirm oneself

Se contempler
- Je me contemple
- Tu te contemples
- Il/elle se contemple
- Nous nous contemplons
- Vous vous contemplez
- Ils/elles se contemplent

S'appeller
- Je m'appelle
- Tu t'appelles
- Il/elle s'appelle
- Nous nous appelons
- Vous vous appelez
- Ils/elles s'appelent

Exercises

Complétez les phrases suivantes avec les verbes appropriées - fill in the gap with the appropriate verbs

1. Il _____________ à sept heures (se réveiller)
2. Tu _____________ dans la salle de bain (se laver)
3. Elles _____________ en blanc (s'habiller)
4. Les hommes _____________ le matin (se raser)
5. Je _____________ jean (s'appeller)
6. Vous _____________ dans le jardin (se promener)

Chapitre Dix - neuf (Chapter Nineteen)
Les Intérrogatifs (Interrogatives)

There are three main methods of asking questions:
- Est- ce que   Is it? /do you? /are you?
- L'inversion   Inversion
- L'intonation   Intonation

Est-ce que?
- Est-ce que tu m'aime?   Do you love me?
- Est – ce que vous allez à   Are you going to school?
  l'ecole?
- Est – ce que cela vous   Is it okay for you?
  convient?

L'inversion

This form of questioning is done by inverting the affirmative form:

Forme affirmative	Forme intérrogative
• Vous parlez français	Parlez – vous francais?
	Do you speak french?
• Vous allez à l'ecole	Allez – vous à l'ecole?
	Are you going to school?
• Nous allons à la bibliothèque	Allons – nous à la bibliothèque?
	Are we going to the library?

Other forms of asking questions

Où	Where?
• Où est-ce que vous habitez	Where do you live ?

Quand

Quand écoutez – vous
la radio

Comment

Comment allez- vous

Qui

Qui parle français

Qui est-ce qu'elle invite

Pourquoi

Pourquoi téléphone –
t- elle

Quel, quels, quelle

Quelle chambre
réservons – nou

Combien

Combien coute ce
portable

Combien de voitures
y-a-t-il

When?

When are you listening to
the radio?

How?

How are you?

Who?

Who speaks French?

Who did she invite?

Why

Why did you phone
her?

What

What room are we
reserving?

How much ?

How much does this
phone cost?

How many cars are
there

Chapitre Vingt (Chapter Twenty)
Les expressions du verbe "avoir" (expressions of the verb "avoir")

La conjugaison du verbe "avoir" au présent de l'indicatif
* J'ai   avoir faim   to feel hungry
* Tu as   avoir chaud   to feel hot
* Il/elle a   avoir soif   to be thirsty
* Nous avons   avoir raison   to be right
* Vous avez   avoir sommeil   to feel sleepy
* Ils/elles ont   avoir tort   to be wrong

Les expressions du verbe "être"

La conjugaison du verbe "être" au présent de l'indicatif

Je suis	être content (e)	to be happy
Tu es	être heureux/heureuse	to be happy
Il/elle est	être malade	to be sick
Nous sommes	être triste	to be sad
Vous êtes	être satisfaire	to be satisfied
Ils/elles sont	être en bonne santé	to be healthy
	être sérieux/sérieuse	to be serious

Chapitre Vingt et un (Chapter Twenty one)

Conjugaison des verbes du deuxième et troisième groupe au présent de l'indicatif (conjugation of 2nd and 3rd verbal groups in the present tense)

Les verbes du deuxième groupe

Verbs of the second group

Finir	to finish	Voir	to see
Dormir	to sleep	Devenir	to become
Servir	to serve	Partir	to leave
Choisir	to choose	Mourir	to die
Mentir	to tell lies	Sortir	to go out

Most verbs of the second group are irregular:

Sortir — **To go out**

- Je sors — I go out
- Tu sors — You go out
- Il/elle sort — He/she goes out
- Nous sortons — We go out
- Vous sortez — You go out
- Ils/elles sortent — They go out

Devenir — **To become**

- Je deviens — I become
- Tu deviens — You become
- Il/elle deviant — He/She becomes
- Nous devenons — We become
- Vous devenez — You become
- Ils/elles deviennent — They become

Les verbes regulier en "re"

Exemples

| **Comprendre** | **To understand** |

Comprendre   **To understand**
- Apprendre   To learn
- Attendre   To wait
- Prendre   To take
- Répondre   To answer
- Vendre   To sell
- Descendre   To get down

Prendre   **To take**
- Je prends   I take
- Tu prends   You take
- Il/elle prend   He/She takes
- Nous prenons   We take
- Vous prenez   You take
- Ils/elles prennent   They take

Comprendre   **To understand**
- Je comprends   I understand
- Tu comprends   You understand
- Il/elle comprend   He/She understands
- Nous comprenons   We understand
- Vous comprenez   You understand
- Ils/elles comprennent   They understand

Exercises

1.   Il ------------------ l'escalier (descendre)
     He is coming down the stairs

2.   Vous ----------------- aux questions posées
     (répondre)
     Did you respond to the questions asked?

3.   Nous ------------------ la maison (vendre)
     We are selling the house

4.   Tu ------------------ ce que je viens de dire?
     (entendre)
     Did you hear what I just said?

5.   J' ------------------ là bas (attendre)
     I'm waiting there

6.   Maria ------------------ le professeur de français
     (voir)
     Mary sees the French teacher

Chapitre Vingt - deux (Chapter Twenty two)
Le Passé Composé (Past tense)

The past tense is formed by combining the present tense of the auxiliary verb "être" (je suis, tu es, il/elle est, nous sommes, vous êtes, ils/elles sont) and then adding the past participle of the verb showing the action. Most of these verbs express motion or a change of place, state, or condition (that is going up, going down, going in, out, or remaining). All other verbs are conjugated with the auxiliary verb "avoir"

Pronominal verbs are also conjugated in the past with the auxiliary verb "être".

- Aller   to go
- Venir   to come
- Montrer   to climb
- Descendre   to alight
- Arriver   to arrive
- Partir   to leave
- Naître   to be born
- Mourir   to die
- Entrer   to enter
- Sortir   to go out
- Rester   to stay
- Retourner   to return
- Tomber   to fall
- Devenir   to become

Note: verbs conjugated in the past with the auxiliary verb "être" must agree in gender and number

Aller   **To do**
- Je suis allé(e)   I went
- Tu es allé(e)   You went
- Il/elle est allé(e)   He/she went
- Nous sommes allées(e)s   We went
- Vous etes allé (e) s   You went
- Ils/elles sont allé(e)s   They went

Venir   **To come**
- Je suis venu (e)   I came
- Tu es venu (e)   You came
- Il/elle est venu (e)   He/she came
- Nous sommes venu (e)s   We came
- Vous êtes venu (e)s   You came
- Ils/elles sont venu (e)s   They came

All other verbs in the past outside the movement verbs are conjugated with the auxiliary verb "avoir"

Manger   **To eat**
- J'ai mangé   I ate
- Tu as mangé   You ate
- Il/elle a mangé   He/she ate
- Nous avons mangé   We ate
- Vous avez mangé   You ate
- Ils/elles ont mangé   He/she ate

Parler   **To speak**
- J'ai parlé   I spoke
- Tu as parlé   You spoke
- Il/elle a parlé   He/she spoke
- Nous avons parlé   We spoke
- Vous avez parlé   You spoke
- Ils/elles ont parlé   They spoke

Exemples
- Nous avons écouté la radio   We listened to the radio
- Vivien a mangé de la   Vivian ate out of the meat
  viande hier   yesterday
- Mes parents ont voyagé à   My parents travelled to
  Londres   London
- Laura a parlé couremment   Laura spoke french fluently
  la langue française

Exercises
Reformez ces phrases suivantes au pésent de l'indicatif au passé composé
Reform the following sentences in the past tense

1. Tu regardes la television   You are watching the
                                    television
2. Mary chante très bien   Mary sings very well
3. Est-ce que tu finis le livre?   Are you finishing the book?
4. Elle mange tout le repas   She is eating all the meal
5. Je porte une belle robe   I am wearing a beautiful
                                   dress

Chapitre Vingt - trois (Chapter Twenty three)

I. Les Adjectifs Qualificatifs (Qualifying Adjectives)

Qualifying adjectives modify nouns and express the attributes of the word it qualifies.

Masculine	Feminine	Meaning
• Grand	Grande	Tall
• Petit	Petite	Small
• Court	Courte	Short
• Long	Longue	Long
• Gentil	Gentille	Kind
• Méchant	Méchante	Wicked
• Intélligent	Intélligente	Intelligent
• Bon	Bonne	Good
• Mauvais	Mauvaise	Bad
• Mince	Mince	Slim
• Fort	Forte	Strong
• Sale	Sale	Dirty
• Froid	Froide	Cold
• Chaud	Chaude	Hot
• Ancien	Ancienne	Old
• Joli	Jolie	Pretty
• Content	Contente	Happy
• Gros	Grosse	Big
• Heureux	Heureuse	Happy
• Nouveau	Nouvelle	New
• Seul	Seule	Alone

Un livre difficile	A difficult book
Un médicin français	A french doctor
Une voiture anglaise	An english car
Une langue importante	An important language
Un garçon intélligent	An intelligent boy
Un bon employé	A good employee
Un jeune pilot	A yong pilot
Une mauvaise cliente	A bad client
Une jolie secrétaire	A pretty secretary

Note : adjectives denoting nationality do not, take a capital letter (un médicin français, une voiture anglaise), except when referring to the people of a country (les béninois, les sénégalais).

Exercises

Donnez la forme féminine des adjectifs qualificatifs suivants:

Give the feminine forms of the following qualifying adjectives:

Gentil	Kind
Difficile	Difficult
Mauvais	Bad
Chaud	Hot
Nouveau	New
Riche	Rich
Mince	Slim
Content	Happy
Petit	Small
Froid	Cold

II   Les adjectifs possessifs (possessive adjectives)

A possessive adjective is used to show ownership. It comes before a noun in a sentence which must agree in number and gender.

Ms	FS	M & F Plural	
My	Mon	Ma	Mes
Your	Ton	Ta	Tes
His/her	Son	Sa	Ses
Our	Notre	notre	Nos
Your	Votre	Votre	Vos
Their	Leur	Leur	Leurs

Exemples

Je	Mon Père/Ma Mère	Mes Pères/Mes Mères	My Father(s)/My Mother(s)
Tu	Ton Frère/Ta Nièce	Tes Frères/Tes Nièces	Your Brother(s)/Your Niece(s)
Il/elle	Son Cousin/Sa Cousine	Ses cousin(e)s	His Male and Female Cousin(s)
Nous	Notre Maison	Nos Maisons	Our House(s)
Vous	Votre Voiture	Vos Voitures	Your Car(s)
Ils/elles	Leur Jardin	Leurs Jardins	Their Garden(s)

Exercises

Completez les phrases suivantes avec les adjectifs possessifs convenable (complete the following sentences with the most appropriate possessive adjective)

1.   (my) ____________ voiture est au garage
2.   Elle parle avec (her) ____________ père
3.   Ils lisent (their) ____________ journal
4.   Nous aimons (our) ____________ appartement

III. Les adjectifs démonstratifs (ce, cet, cette ces)

Demonstrative adjectives are used to modify nouns so that we know which specific person, place or thing is mentioned. They are: 'this / that' in the singular and 'these/those' in the plural

Masculine Singular used before consonants

- Ce garçon
- Ce stylo
- Ce bâtiment
- Ce cahier
- Feminine Singular
- Cette fille
- Cette voiture
- Cette table
- Cette règle

Before a vowel or a silent "h"
- Cet enfant
- Cet homme
- Cet eleve
- Cet image

Masculine/Feminine Plural
- Ces garçons
- Ces filles
- Ces images
- Ces enfants

Ce is used to modify masculine nouns that begin with a consonant sound.

Cet is used to modify masculine or singular nouns that begin with a vowel sound

Cette is used to modify feminine nouns

Ces is used to modify masculine or plural nouns

Exercises

Complétez les phrases suivantes avec: ce, cet, cette, ces

1. J'adore _______ vêtements   I adore .... Clothes
2. _________ stylo est noir   .... pen is black
3. _________ sac est le mien   .... bag is mine
4. _________ fille me connait   .... girl knows me

IV. Les pronoms possessifs – possessive pronouns

In french, possessive pronouns (mine, yours, his/hers, ours, theirs) must agree with the noun they replace as expressed:

Masculine	feminine	plural	
Mine	le mien	la mienne	les mien(ne)s
Yours	le tien	la tienne	les tien(ne)s
His/hers	le sien	la sienne	les sien(ne)s
Ours	le nôtre	la nôtre	les nôtres
Yours	le vôtre	la vôtre	les vôtres
Theirs	le leur	la leur	les leurs

Exemples

1. Le garçon a apporté votre soupe, mais pas la mienne
   The waiter has brought your soup, but not mine
2. Voici son sac, mais où est le vôtre?
   Here is his/her bag, but where is yours?
3. Ma chemise est belle, est-ce que la tienne est aussi bonne?
   My blouse is beautiful, is yours good too?

Note: when following the verb **"to be"** and having the meaning of **"belonging to"**, the possessive pronouns are often translated by:

À moi	*for me*	mine
À toi	*for you*	yours
À lui	*for him*	his
À elle	*for her*	hers
À nous	*for us*	ours
À vous	*for you*	yours
À eux (m.pl)	*for them*	theirs
À elles (f.pl)	*for them*	theirs

Chapitre Vingt - QUATRE (Chapter Twenty FOUR)
L'imparfait (imperfect tense)

The imperfect tense is a tense that expresses a fact or an action which already took place at the time of expression but which can still take place.

Les verbes auxilaires à l'imparfait

	Avoir	**Être**
Je/J'	Avais	Étais
Tu	Avais	Étais
Il/elle/on	Avait	Était
Nous	Avions	Étions
Vous	Aviez	Etiez
Ils/elles	Avaient	Étaient

Exemples

Quand tu étais enfant, tu étais timide	When you were a child, you were shy
Le soleil descendait derrière la montagne	The sun sets behind the mountain

Les terminaisons de l'imparfait de l'indicatif sont les mêmes pour tous les verbes - imperfect endings remain the same for all verbs by adding – ais, - ais, - ait, ions, iez, aient to the radical form of the third person plural of verbs conjugated in the present tense.

Pronouns personnels		1er groupe	2éme groupe	3éme groupe
Je/J'	-ais	Aim ais	Finissais	Mettais
Tu	-ais	Aim ais	Finissais	Mettais
Il/elle/on	-ait	Aimait	Finissait	Mettait
Nous	-ions	Aimions	Finissions	Mettions
Vous	-iez	Aimiez	Finissiez	Mettiez
Ils/elles	Aient	Aimaient	Finissaient	Mettaient

Verbs with –yer and ier endings are conjugated thus:

Crier	**To shout**
• Je criais	I was shouting
• Tu criais	You were shouting
• Il/elle criait	He/she was shouting
• Nous criions	We were shouting
• Vous criiez	You were shouting
• Ils/elles criaient	They were shouting

Payer	**To pay**
• Je payais	I was paying
• Tu payais	You were paying
• Il/elle/on payait	He/she was paying
• Nous payions	We were paying
• Vous payiez	You were paying
• Ils/elles payaient	They were paying

Effrayer	**To be scared**
• J'effrayais	I was scared
• Tu effrayais	You were scared
• Il/elle/on effrayait	He/she was scared
• Nous effrayions	We were scared
• Vous effrayiez	You were scared
• Ils/elles effraient	They were scared

The imperfect tense is usually followed by the adverb of time "when"

Chapitre Vingt - cinq (Chapter Twenty five)
Les adverbes (adverbs)

An adverb is a word that modifies a verb, adjective, another adjective, another adverb, determiner, noun, phrase, clause, or sentence. Adverbs typically express manner, place, time, frequency, degree, level of certainty, etc., answering questions such as how? In what way?, when?, where?, and to what extent?

In french, adverbs are formed by adding - *ment* to the adjective.

Rapide – ment	rapidement	quickly
Admirable – ment	admirablement	admirably
Rare – ment	rarement	scarcely
Facile – ment	facilement	easily

Adjectives with the – *eux* ending such as *malheureux* *"ment"* is added to the feminine form

Malheaureux	malheureuse	malheureusement	badly
Heureux	heureuse	heureusement	happily
Chaleureux	chaleureuse	chaleureusement	warmly
Ambitieux	ambitieuse	ambitieusement	ambitiously
Courageux	courageuse	courageusement	courageously
Amoureux	amoureuse	amoureusement	lovingly
Sérieux	sérieuse	sérieusement	seriously
Joyeux	joyeuse	joyeusement	joyfully
Immédiat	immédiate	immédiatement	immediately
Géneral	générale	généralement	generally
Rapid	rapide	rapidement	quickly

We can form adverbs from adjectives ending in – ant - ent – mment.

- Constant   becomes   constamment
- Intélligent   becomes   intélligemment
- Évident   becomes   évidemment

ADVERBE DE TEMPS   ADVERB OF TIME

- Actuellement — Currently
- Alors — So
- Après — After
- Aussitôt — As soon as
- Autrefois — Formerly
- Avant – hier — Day before yesterday
- Bientôt — Soon
- Cependant — However
- Déjà — Already
- Demain — Tomorrow
- Enfin — Finally
- Maintenant — Now
- Puis — Then
- Sans délai — Without delay
- Ensuite — Then
- Pour le moment — For the time being
- Entre-temps — In the meantime
- l'autre jour — The other day
- Auparavant — Previously
- Souvent — Often
- Parfois — Sometimes

ADVERBE DE LIEU	**ADVERB OF PLACE**
• Contre	Against
• Autour	Around
• Près	Near
• En haut	On top
• En bas	Below
• À droite	Right
• A gauche	Left
• Au dessous	Below
• Au-dedans	Inside
• Ailleurs	Elsewhere
• Partout	Around/About

ADVERBE DE CERTAINETE	**ADVERB OF CERTAINTY**
• Sans doute	Without a doubt
• Surement	Obviously
• Evidemment	Probably
• Certainement	Certainly

ADVERBE DE MANIERE	**ADVERB OF MANNER**
• Ainsi	So
• Déjà	Already
• Comment	How
• Presque	Almost
• Plutôt	Rather

Chapitre Vingt - six (Chapter Twenty six)

I. Aller + verbe à l infintif (futur proche)

There are two types of future tenses in French, the simple future tense and the immediate future which is equivalent to "going to eat, going to drink, going to talk).

Futur proche describes an action that will take place in the immediate future and is usually expressed orally.

Exemples

* L'année prochaine, tu vas apprendre le Français
  Next year you are going to learn French.
* Demain, elle va nous téléphoner
  She is going to call us tomorrow.
* Ce soir nous allons louer une vidéo
  Tonight we are going to rent a video
* Cet été vous allez faire un grand voyage
  This summer, you are going on a long trip.
* Bientôt, elles vont parler français
  Soon, they are going to speak French.

II. Venir + verbe à l'infinitif (passé proche)

This indicates an action which just took place. It is formed from the conjugated form of the verb "venir" in the present tense + a verb in its infinitive.

Exemples

* Je viens de voir ce film   I just saw that movie/film
* Il vient de perdre son   He just lost his job
  travail
* Nous venons d'acheter nos   We just bought our tickets
billets

- Vous venez de dîner   You just had dinner
- Elles viennent de faire du jogging   They just came back from running

Exercises

Faire correspondre les phrases   Match the sentences

1. Elle n'est pas fatigué   (a) elle va faire du jogging
2. Elle veut faire du sport   (b) elle vient de passer deux mois en France
3. Elle est très fatigué   (c) elle vient de finir ses études de médicine
4. Elle parle très bien français   (d) elle vient de manger
5. Elle est malade   (e) elle vient de se réveiller
6. Elle est docteur   (f) elle va aller chez le psychologue
7. Elle a gagné à la loterie   (g) elle va acheter une bouteille d'eau
8. Elle n'a pas faim   (h) elle va aller se coucher
9. Elle a soif   (i) elle va partir pour un long voyage
10. Elle est déprimée   (j) elle va aller chez le docteur

When indicating a sentence in the negative as in "not", it is expressed by putting "ne" before the verb and "pas" after.

- Je ne parle pas français   I do not speak French
- Frank ne travaille pas   Frank is not working
- Sarah n'est pas parresseuse   Sarah is not lazy
- Elle n'a pas chaud   She is not cold
- Monsieur martin n'est pas   Mr. Martins is not retired
  à la retraite
- Sylvie n'habite pas à paris   Sylvie does not live in
  Paris

- Ne…..jamais   never
- Ne…..rien   nothing
- Ne….personne   no - one
- Ne…plus   no longer, no more
- Il ne joue jamais   he never plays
- Pearl ne sait rien   pearl knows nothing
- Elle ne salue personne   she greets no one
- Je ne sors plus   I no longer go out

Note: rien and personne can also begin a sentence.
- Personne n'arrive ici   no one comes here
- Rien n'est impossible   nothing is impossible

*Note: after a negative (un, une, du, de la, de l', des),
change to de/d':*
- J'aime manger des haricots   I love to eat beans
- Je n'aime pas manger   I don't like to eat beans
  d'haricots
- Il bois de la bière   He drinks beer
- Il ne bois jamais de bière   He never drinks beer
- Défense de fumer   Smoking is out of bounds
- Pas d'infraction   No trespassing

Exercises

Répondez aux questions suivantes en utilisant la négation
(Respond to the following questions in the negative).
- Vous mangez les légumes   You eat vegetables
- Elle a froid   She is cold
- Nous invitons le medicin   We are inviting the doctor
- Tu habite à paris   You are living in paris
- Ils ont un château   They have a castle

Chapitre Vingt - huit (Chapter Twenty eight)

Dialogue V

Une conversation téléphonique (formelle)

Le téléphone du bureau sonne…..

Secrétaire: Oui, allô! À qui ai- je l'honneur?

Mme Martin: Bonjour madame, je m'appelle madame
      martin et j'aimerais parler au PDG

Secrétaire: Ne quittez pas s'il vous plait. Je suis désolée,
      sa ligne est occupée.
          Pouvez – vous rappeler plus tard?

Mme Martin: Oui bien sûr! Je vais rappeler. Au revoir

Secrétaire: Au revoir Madame Martin.

A telephone conversation (formal)

The office phone rings….

Secretary: Yes, hello? Who am I speaking with?

Mme Martin: Good day madam, my name is Mrs. Martin
      and I would like to speak with the CEO

Secretary: Please hold on. I'm sorry, his line is engaged.
      Can you call back?

Mme Martin: Of course! I'll call back. Goodbye.

Secretary: Goodbye Mrs. Martins

Une conversation téléphonique (informelle)
Le téléphone de Sylvie sonne à vingt – heures
Sylie: Allô ?
Jean: Allô sylvie !
Sylvie: Qui est à l'appareil ?
Jean: C'est moi jean. Je suis désolé, J'espère que Je ne
te dérange pas ?
Sylvie: Je suis déjà au lit, entraîne de me coucher.
Puis – je rappeler demain s'il te plaît ?
Jean: Il n'y a pas de problème. Merci, au revoir !
Sylvie : Bonne nuit Jean

A telephone conversation (informal)
Sylvia's phone rings at 8:00pm
Sylia: Hello!
John: Hello Sylvie
Sylvia: Who is on the line?
John: It is me, John. I am sorry, hope I'm not
disturbing you?
Sylvia: I'm already in bed, about to sleep. Please, can i
call you back tomorrow?
John: There is no problem. Thanks, good night!
Sylvia: Good night John

Chapitre Vingt – neuf (Chapter Twenty nine)

Dialogue VI
SUR LA ROUTE
Pierre : Excusez-moi monsieur, je suis perdue. Je
cherche l'église catholique sainte marie
Monsieur: C'est très facile à trouver. Vous prenez la
prochaine rue à droite,
La rue Johnson. Vous allez tout droit et vous
traversez la route.
Ensuite, vous allez à gauche et vous verrez le
bureau du gouverneur,
Tournez à gauche, l'église est en face du palais de
justice.
Pierre: Merci infiniment monsieur
Monsieur: Je vous en prie

On the road
Peter: Excuse-me sir, I am lost. I'm looking for Saint
Mary's Catholic Church
Mr: It is very easy to find. You will take the next
street to the right,
Johnson Street. You will go straight down and
cross the road.
Then, you will keep to your left and you will see
the governor's office,
Turn to the left, the church is opposite the court
house.
Peter: Thank you so much.
Mr: You are welcome

Demander la direction
Asking for directions

- Excusez-moi madame / monsieur, mademoiselle...
  Excuse me Mrs. /Mr. /Miss...

- Je suis perdu, pour aller à, pour trouver....
  I am lost, to go, to find.......

- Je cherche la rue... / l'avenue... / le boulevard... / la place
  I am looking for the street/avenue/boulevard/venue

- Pourriez-vous me dire comment aller à...
  Could you please tell me how to go....

- Vous allez / continuez tout droit
  You will go/continue straight down

- Vous prenez la prochaine rue à droite / à gauche
  You will take the next street to the right/to the left

- Vous tournez à droite / à gauche
  You will turn to the right/to the left

- Vous traversez la rue / le pont / le parc...
  You will cross the street/the bridge/the park....

- Vous montez / descendez les escaliers
  You will climb/descend the stairs

La lecture
À l'école

Les élèves sont dans la classe. Ils sont assis sur les bancs. Chacun a mis sur sa table, ses cahiers et ses livres. Devant les élèves, il ya le bureau du maître et le tableau noir. Dans le fond de la classe, les bonnets des élèves sont accrochés au mur.

Les fenêtres et la porte sont ouvertes. On voit passer les cultivateurs qui vont au champ, les femmes qui vont au marigot. On entend les coups des pilons, les cris des bébés, les chants des coqs.

Mais les bons élèves ne regardent et n'écoutent que le maître.

In school

Pupils are in class. They are seated at their desks where each of them placed their table, exercise books and text books. In front of the pupils, there is the master's office and the black board. Behind the class, the pupils' hats are across the wall.

The door and the windows are open. We see pass farmers who go to the field, the women who go to the backwater. We hear the blows of the drumsticks, the cries of babies, the songs of the roosters.

But good students don't look but listen only to the master.

En classe

Vincent est arrivé en classe. Il est assis sur son banc, devant lui est une table. A côté de Vincent, sur le même banc, est son petit camarade Jean. Vincent et Jean sont deux bons élèves. Ils écoutent monsieur Kwamè.

Classroom

Vincent arrived in class. He is seated at his desk, before him is a table. Opposite Vincent, on the same desk, is his little classmate, John. Vincent and John are good pupils. They listen to Mr. Kwamè.

Un mauvais élève

Robert est un mauvais élève. En classe, il joue, il n'écoute pas monsieur Kwame. Il a une regle ; il tape la table : Pan ! Pan ! Il a une épingle ! Il plante l'épingle dans le dos de Jean, dans le dos de Pierre.

Tout à coup….il a planté l'épingle sous son ongle. Il pleure ….

A bad pupil

Robert is a bad student. In class, he is playful, he doesn't listen to Mr. Kwamè. He has a ruler with which he hits the table: Pan! Pan! He has a needle, he plants the needle at John's back, Peter's back.

Immediately….he plants the needle under his fingernail…he weeps….

Le livre

Monsieur Kwamè, le directeur de l'école a donné à Antoine un livre tout neuf. Antoine regarde la belle couverture gris ; il ouvre le livre, le ferme, l'ouvre encore.

Il est content ! Mais monsieur Kwamè dit : Antoine, le livre coute cher, plus cher que toi. Tu ne dois pas le perdre, ni le salir. Ton livre doit être toujours propre.

The book

Mr. Kwamè, the director of the school gave Anthony a new book. Anthony looks at the beautiful grey cover; he opens, closes, opens it again.

He is happy! But Mr. Kwame said: Antoine, the book is costly, costlier than you. You must not lose it nor destroy it. Your book should always be neat.

Les vocabulaires

- Le magnétophone   tape recorder
- Le château   castle
- Le neveu   nephew
- Le prix   price
- L'autobus   bus
- La dame   lady
- La valise   suitcase
- La station   station
- Le journaliste   male journaliste
- La journaliste   female journalist
- Le professeur   teacher
- L'hélicoptère   helicopter
- Parceque   because
- Voyage   trip/travel
- Le journal   journal

- Le parfum   perfume
- Le vin   wine
- Le chequier   cheque
- La cigarette   cigarette
- La bière   beer
- L'alcool   alcohol
- L'enquête   survey
- Le téléphone   telephone
- Réserver   reserve
- Exporter   export
- Importer   import
- Voter   vote
- Inviter à diner   invite to dinner
- Il y a   there is
- L'hôtel   hotel
- Le directeur   director
- L'ordinateur   computer
- Le premier ministre   prime minister
- L'agent   agent
- Le mousquétaire   musketeer
- Le pays   country
- Le marché   market
- Juillet   july
- La chambre   room
- La voiture   car
- La date   date
- La prise   taking, storming
- La bastille   bastille
- Secret   secret
- Commun   common

- Finalement — finally
- L'appareil - photo — camera
- À qui ai- je l'honneur — to whom do i have • the honour
- La clé — key
- La carte — map
- Le guichet — ticket office
- L'ascenseur — lift
- L'escalier — staircase
- Le compartiment — compartment
- Le billet — ticket
- La gare — railway station
- Valable — valid
- L'éléctrophone — record player
- Le fromage — cheese
- L'homme d'affaires — business man
- La glace — ice cream
- La diététicienne — dietician
- Raccourcir — to shorten
- Chaque — each
- Complètement — completely
- La gymnastique — gymnastics, exercises
- La manche — channel
- Dépenser — to spend
- Traverse — to cross
- Magnifique — wonderful
- Affreux — dreadful
- Tôt — early
- Tard — late
- Intéressant — interesting

- Insupportable   unbearable
- Consulter   to consult
- À l'avance   in advance
- La nage   swimming
- La nourriture   food
- La chaleur   heat
- Les vacances   holidays
- Le départ   departure
- L'agence de voyage   travel agency
- La musique   music
- Le matin   morning
- Le dictionnaire   dictionary
- La librairie   bookshop
- L'annonce   advertisement
- Promettre   promise
- Temporaire   temporary
- Principal   main
- L'appareil   machine
- Le produit   product
- Le répondeur automatique   telephone answering machine
- La qualité   quality
- Le message   message
- Le client   client
- Le mode d'emploi   operating instructions
- Le commerçant   male shopkeeper
- La commerçante   female shopkeeper
- Le restaurant   restaurant
- Le supermarché   supermarket

• Le numéro de téléphone	telephone number
• Le cinéma	cinema
• Le théâtre	theatre
• Le spectacle	show
• Les états – unis	united states
• La serviette	serviette, napkin
• L'église	church
• La cabine téléphonique	telephone booth
• Le facteur	postman
• Le télégramme	telegram
• Le portable	telephone
• L'ordinateur	computer
• La journée	daytime
• Le bureau	office
• La réunion	meeting
• La maison	house
• Le timbre	stamp
• Recommender	to recommend
• D'habitude	usually
• Tout droit	straight on
• À gauche	on/to the left
• À droite	on/to the right
• La promotion	special offer
• La compréhension	understanding
• La chemise	shirt
• La bouteille	bottle
• La montre	wristwatch
• La robe	dress
• La jupe	skirt
• La ceinture	belt

• Le pneu	tire
• Le ventilateur	fan
• Le climatiseur	airconditioner
• L'arbre	tree
• Le couteau	knife
• Le panier	basket
• Le chat	cat
• Le camarade	colleague
• Le camion	lorry
• Le chiffon	duster
• Le calendrier	calendar
• L'habitation	residence
• Les jumeaux	twins
• Le bijou	jewellry
• Discours	speech
• L' enterprise	firm
• La bénéfice	profit
• L'enchantillon	sample
• Commander	order
• Disponible	available
• Le timbre	stamp
• L'aéroport	airpoort
• Les vacances	holidays
• Le chemin	way/ path
• L'identité	identity
• Le métro	underground
• La candidature	application
• La croyance	belief
• Enseignement	education
• Requête	petition

- Juridique   battle
- Equilibré   balanced
- Obstiné   stubborn
- La santé   health
- La bataille   battle
- Le conflit   conflict
- Le principe   principle
- L'étranger   stranger
- Illimité   unlimited
- L'embouteillage   traffic jam

Les proverbes

1. Petit à petit, l'oiseau fait son nid
   Little drops of water make a mighty ocean
2. Qui se ressemble, s'assemble
   Birds of the same feather flock together
3. Plus ça change, plus c'est la même chose
   The more it changes, the more it is the same
4. Quand l'oeil ne voit pas, le coeur ne souffre pas
   What the eye does not see, the heart does not suffer
5. Un sage enseigne par ses actes, non par ses paroles
   A wise teaches by his actions, not by his words
6. Mieux vaut une bonne querelle que la solitude
   Better is a good quarel than isolation
7. Les petits bonheurs viennent de l'éffort
   Little goodness come from effort
8. Si vous montez trop vite, plus rapide sera la chute
   When you climb too fast, quickly will be the fall

9.Sans pain ni vin, l'amour n'est rien
    Without bread no wine, without love nothing
10. Mieux vaut donner que recevoir
     Better to give than to receive

La marseillaise
"Allons enfants de la patrie
Le jour de gloire est arrivé!
Contre nous de la tyrannie
L'étendard sanglant est levé, (bis)
Entendez-vous dans les campagnes
Mugir ces féroces soldats?
Ils viennent jusque dans vos bras
Égorger vos fils, vos compagnes!

Aux armes, citoyens,
Formez vos bataillons,
Marchons, marchons!
Qu'un sang impur
Abreuve nos sillons!

Les chansons (songs)
Tout au rond
Sur le pont
 D'avignon
L'on y dansait
L'on y dansait
Sur le pont d'avignon
L'on y dansait
Tout au rond

Faites – le bien!
Si vous avez quelque chose à faire
Quelque chose à faire
Quelque chose à faire
Si vous avez quelque chose à faire
Faites – le bien

Arc – en - ciel
Il a les yeux rouges
Il a les yeux jaunes
Il a les yeux arc –en-ciel
Et une tête en bois
Il boit du chocolat
À tous les repas
Comme les poissons chat
Cha la la la la
Il a les yeux verts
Il a les yeux gris
Il a les yeux arc-en-ciel
Et une tête en bois
Il boit du jus de citron
Et de champignon
Comme napoléon
On on on on on

Il a les yeux blancs
Il a les yeux noirs
Il a les yeux arc-en-ciel
Et une tête en bois
Il boit la noix de cocoa

Avant de faire dodo
Do re mi la si do
Oh oh oh oh oh

Il a les yeux rouges
Il a les yeux jaunes
Il a les yeux arc-en-ciel
Et une tête en bois
Il boit du café au lait
Au lait, au lait, au lait
Et quand il a fini
Il se met au lit
Ee ee ee ee ee
Oh oh oh oh oh
Cha la la la la

Alouette
Alouette, gentille alouette
Alouette, je te plumerai
Je te plumerai la tête   x2
Et la tête!   X2
A –a-a-ah
Refrain
Je te plumerai le bec   x2
Je te plumerai les yeux   x2
Je te plumerai le cou   x2
Je te plumerai les ailes   x2
Je te plumerai les pattes   x2
Je te plumerai la queue   x2

Je te plumerai le dos	x2
Et le dos	x2
Et la queue!	X2
Et les pattes!	X2
Et les ailes !	X2
Et le cou!	X2
Et les yeux	x2
Et le bec!	X2
Et la tête	x2
Alouette!	
A-a-a-ah	
Refrain